ΔΙΝΟΝΤΑΣ ΚΑΙ ΛΑΜΒΑΝΟΝΤΑΣ ΑΝΑΤΡΟΦΟΔΟΤΗΣΗ

Η ουσία του να δίνεις και να δέχεσαι εποικοδομητική κριτική

ΔΙΝΟΝΤΑΣ ΚΑΙ ΛΑΜΒΑΝΟΝΤΑΣ ΑΝΑΤΡΟΦΟΔΟΤΗΣΗ

Η ουσία του να δίνεις και να δέχεσαι εποικοδομητική κριτική

γραμμένο από Véronique Bronckart
μεταφρασμένο από Lina Sideris

ΔΙΝΟΝΤΑΣ ΚΑΙ ΛΑΜΒΑΝΟΝΤΑΣ ΑΝΑΤΡΟΦΟΔΟΤΗΣΗ

- **Προβλήματα;** Η αποδοχή της κριτικής δεν είναι πάντα εύκολη, ούτε το να ξέρεις πώς να την ασκείς χωρίς να πληγώνεις ή να προσβάλλεις το άτομο. Ποιες τεχνικές πρέπει να χρησιμοποιούνται για την παροχή αποτελεσματικής και εποικοδομητικής ανατροφοδότησης; Πώς να αξιοποιήσετε την κριτική με τον καλύτερο δυνατό τρόπο;

- **Γιατί είναι σημαντικό;** Η ανατροφοδότηση είναι απαραίτητη για εσάς και τους υπαλλήλους σας, καθώς επιτρέπει στον αποδέκτη να αναπτύξει, να διατηρήσει ή να διορθώσει τη συμπεριφορά του προκειμένου να επιτύχει έναν καθορισμένο στόχο.

- **Επαγγελματικό πλαίσιο?** Διαχείριση ομάδων, διαπροσωπικές δεξιότητες, προσωπική ανάπτυξη.

- **ΣΥΧΝΕΣ ΕΡΩΤΗΣΕΙΣ**

  - Τι είναι η ανατροφοδότηση;

  - Πότε πρέπει να δώσω ανατροφοδότηση;

  - Ποιο ύφος πρέπει να χρησιμοποιήσω για να διασφαλίσω ότι τα σχόλιά μου θα γίνουν δεκτά;

  - Ποια είναι τα βήματα που πρέπει να ακολουθήσετε;

  - Ποια είναι η διαφορά μεταξύ ανατροφοδότησης και κρίσης;

- Ποια είναι τα λάθη που δεν πρέπει να γίνουν;

- Δυσκολεύομαι να δεχτώ κριτική, πώς μπορώ να λάβω καλή ανατροφοδότηση;

- Ο ενδιαφερόμενος είναι πολύ ευαίσθητος, οπότε πώς θα τον κάνετε να δεχτεί την ανατροφοδότηση;

- Πώς μπορώ να είμαι σίγουρος ότι η ανατροφοδότησή μου ήταν αποτελεσματική;

- Μπορούν όλα τα θέματα να εξεταστούν σε μια ανατρο-φοδότηση;

Σε μια κοινωνία όπου μιλάμε όλο και περισσότερο για αποτε-λεσματικότητα και ανάπτυξη, είναι απαραίτητο να μπορούμε να επωφεληθούμε από την ανατροφοδότηση της εργασίας μας, προκειμένου να συνειδητοποιήσουμε τα δυνατά μας σημεία, τις αδυναμίες μας ή απλώς τα περιθώρια βελτίωσής μας. Ωστόσο, αν η ανατροφοδότηση δεν αποτελεί μέρος των συνηθειών της εταιρείας στην οποία εργάζεστε, πώς μπορείτε να δώσετε σε έναν εργαζόμενο ή συνάδελφο να καταλάβει ότι η στάση του ή οι μέθοδοι εργασίας του δεν είναι επαρκείς, χωρίς να τον πληγώσετε; Πώς συγχαίρεις κάποιον χωρίς να επαναπαυτεί στις δάφνες του μετά; Ομοίως, πώς δέχεστε την κριτική από τους άλλους με εποικοδομητικό τρόπο; Διορθώστε αυτή την κατάσταση και εισαγάγετε αυτή την πρακτική στο επαγγελματικό σας περιβάλλον! Αλλά τι ακριβώς είναι η ανατροφοδότηση;

Μέσα σε 50 λεπτά, αυτό το φυλλάδιο σας καλεί να ανακαλύ-ψετε τους χρυσούς κανόνες για την παροχή και τη λήψη εποι-κοδομητικής ανατροφοδότησης, ώστε να την καταστήσετε επαγγελματικό εργαλείο προπόνησης και παρακίνησης. Δεδομένου ότι η ανατροφοδότηση σχετικά με την απόδοση επιτρέπει στους εργαζομένους να βελτιωθούν και προσφέρει προοπτικές ανάπτυξης, επωφεληθείτε από όλες τις συμβουλές μας για να αξιοποιήσετε στο έπακρο αυτό το είδος ανταλλαγής.

- 6 -

ΤΑ ΒΑΣΙΚΑ ΣΤΟΙΧΕΙΑ ΤΗΣ ΑΠΟΤΕΛΕΣΜΑΤΙΚΗΣ ΑΝΑΤΡΟΦΟΔΟΤΗΣΗΣ

ΤΙ ΕΙΝΑΙ Η ΑΝΑΤΡΟΦΟΔΟΤΗΣΗ;

Τι είναι η ανατροφοδότηση;

👁 ΟΡΟΛΟΓΙΑ

Από τις αγγλικές λέξεις *"feed"* και *"back"*, ο όρος αυτός σημαίνει "ανατροφοδότηση". Σύμφωνα με τη Larousse, πρόκειται για μια "διαδικασία [...] που αποσκοπεί στην πρόκληση μιας διορθωτικής δράσης προς την αντίθετη κατεύθυνση". Αυτό καθιστά δυνατή την ανάδειξη των δυνατών και αδύνατων σημείων που έχουν προκύψει σε δεδομένη χρονική στιγμή, καθώς και των πιθανών οδών βελτίωσης.

Η ανατροφοδότηση είναι μια αναφορά προς ένα άτομο ή μια ομάδα ατόμων σχετικά με ένα έργο που εκτελέστηκε, μια ενέργεια που πραγματοποιήθηκε σε μια δεδομένη χρονική στιγμή. Ο σκοπός αυτής της ανατροφοδότησης είναι να επηρεάσει τις μελλοντικές ενέργειες, προσαρμόζοντας ορισμένες λεπτομέρειες ή ενισχύοντας το πεδίο εφαρμογής τους. Η ανατροφοδότηση επιτρέπει σε έναν προϊστάμενο να εκφράσει την αναγνώρισή του σε έναν εργαζόμενο ή σε μια ομάδα: είναι μια ευκαιρία να συγχαρεί ένα άτομο για την εργασία που έκανε. Υπάρχουν δύο τρόποι για την παροχή ανατροφοδότησης:

- προφορικά, εκφράζοντας με σαφήνεια τη γνώμη τους. Αυτό ονομάζεται "άμεση ανατροφοδότηση",

- μη λεκτικά, με μια χειρονομία ή σιωπή. Πρόκειται απλώς για "έμμεση ανατροφοδότηση" που επικυρώνει τη συμπεριφορά του άλλου.

Για να είναι αποτελεσματική η ανατροφοδότηση, θα πρέπει να δίνεται αμέσως και τακτικά μετά το συμβάν, διατηρώντας παράλληλα έναν ορισμένο βαθμό ουδετερότητας. Είναι καλύτερο να γίνεται πρόσωπο με πρόσωπο σε ένα ήσυχο μέρος. Η ανατροφοδότηση δεν πρέπει ποτέ να χρησιμοποιείται για να κρίνετε ή να προσπαθήσετε να αλλάξετε τη φύση του ατόμου, καθώς αυτό θα μπορούσε να προκαλέσει προσβολή ή/και άμυνα του ατόμου. Η ανατροφοδότηση δεν είναι κριτική ή τιμωρία! Δεν πρόκειται για βίαιη έκφραση της δυσαρέσκειας- στόχος της διαδικασίας είναι να συνειδητοποιήσει ο ενδιαφερόμενος τα λάθη του, τα περιθώρια βελτίωσης ή τις προσδοκίες που έχουν τεθεί σε αυτόν.

Η ανατροφοδότηση θα είναι πάντοτε τεκμηριωμένη προκειμένου να βοηθήσει το άτομο να βελτιώσει τις δεξιότητες, τη συμπεριφορά και, συνεπώς, την απόδοσή του. Συνεπώς, θα πρέπει να συνοδεύεται από σαφείς και ακριβείς στόχους που πρέπει να επιτευχθούν, ώστε το άτομο να κατανοήσει γιατί πρέπει να αλλάξει την προσέγγισή του ή να ενισχύσει τις δεξιότητές του σε έναν συγκεκριμένο τομέα.

Μπορούμε να διακρίνουμε τέσσερις τύπους ανατροφοδότησης, οι οποίοι δεν έχουν όλοι την ίδια επίδραση στο άτομο που τη δέχεται. Συνιστάται ενισχυτική και διορθωτική ανατροφοδότηση, ενώ θα πρέπει να αποφεύγεται η κολακευτική και προκλητική ανατροφοδότηση.

- **Ενισχυτική ανατροφοδότηση** (θετική και συγκεκριμένη): οι ενέργειες επαινούνται και το άτομο ενθαρρύνεται να συνεχίσει σε αυτή την πορεία. Αυξάνει την αυτοεκτίμηση και ενθαρρύνει το άτομο να συνεχίσει τη συμπεριφορά του.

> *Παράδειγμα*
> *"Luc, εκτιμώ ότι αναλαμβάνεις αυτόν τον φάκελο ως προτεραιότητα. Πρέπει να οριστικοποιηθεί αυτή την εβδομάδα και χωρίς τη συνεργασία σας δεν θα είναι εφικτό! Συνεχίστε να αναλαμβάνετε τέτοιες πρωτοβουλίες.*

- **Διορθωτική ή εποικοδομητική ανατροφοδότηση** (αρνητική και συγκεκριμένη): οι ενέργειες επικρίνονται με θετικό τρόπο ώστε να βελτιστοποιηθούν. Διατηρεί την αυτοεκτίμηση και ενθαρρύνει τη βελτίωση της συμπεριφοράς.

> *Παράδειγμα*
> *"Ελίζ, παρατήρησα ότι έχεις αργήσει τρεις φορές αυτό το μήνα. Καθώς οι καθυστερήσεις αυτές είναι 10 έως 15 λεπτά κάθε φορά, νομίζω ότι μπορείτε εύκολα να βρείτε μια λύση για να το διορθώσετε.*

- **Κολακευτική ανατροφοδότηση** (θετική και προκλητική γενικότητα): δίνεται ανά πάσα στιγμή και χωρίς λόγο.

Προκαλεί δυσπιστία και μειώνει την αυτοεκτίμηση. Το άτομο θα αισθάνεται ότι χρωστάει κάτι.

> *Παράδειγμα*
> *"Τομ, είσαι ο καλύτερος! Ξέρω ότι μπορώ πάντα να βασίζομαι σε σένα.*

- **Προκλητική ανατροφοδότηση** (αρνητική και μη συγκεκριμένη): πρόκειται περισσότερο για κρίση παρά για ανατροφοδότηση. Μειώνει σημαντικά την αυτοεκτίμηση και μπορεί να προκαλέσει μπλοκαρίσματα.

> **Παράδειγμα**
> *"Πάντα έλεγα στον εαυτό μου ότι δεν μπορούσα να σε εμπιστευτώ και το αποδεικνύω ξανά σήμερα. Είσαι χάλια!"*

Η αποτελεσματικότητα της ανατροφοδότησης

Η ανατροφοδότηση είναι ένα ουσιαστικό εργαλείο αν κάποιος επιθυμεί να εξελιχθεί μέσω προοδευτικών προσαρμογών και να επιτύχει τους στόχους που έχει θέσει. Είναι ένα μέσο επικοινωνίας, μέτρησης και παρακολούθησης της απόδοσης. Μας επιτρέπει να γνωρίζουμε πού βρισκόμαστε, αν τα πάμε καλά ή άσχημα σε μια κατάσταση. Επισημαίνει επίσης τα σημεία που πρέπει να βελτιωθούν προκειμένου να αποφευχθεί η αποτυχία.

Προκειμένου να παρέχεται ανατροφοδότηση με βέλτιστο τρόπο, είναι επιτακτική ανάγκη να:

- προειδοποιήστε το άτομο να προετοιμαστεί για τα σχόλιά σας,

- Μείνετε στα γεγονότα και περιγράψτε τις ενέργειες που έγιναν ή/και τη συμπεριφορά που παρατηρήθηκε,

- να εξηγήσει τις συνέπειες των τελευταίων,

- ζητάτε από το άτομο να συνεχίσει να ενεργεί με τον ίδιο τρόπο, στην περίπτωση ενισχυτικής ανατροφοδότησης. Αυτό διασφαλίζει ότι η στάση συνεχίζεται,

- να μην τους επιβάλλει αλλαγές, στην περίπτωση της διορθωτικής ανατροφοδότησης, αλλά να τους προτείνει να βρουν οι ίδιοι μια λύση.

Η θετική ανατροφοδότηση ικανοποιεί την ανάγκη του συνομιλητή σας για αναγνώριση και ένταξη. Θα τους παρακινήσει να συνεχίσουν σε μια θετική πορεία. Πράγματι, όπως αναφέρεται στην πυραμίδα του Μάσλοου (Αμερικανός ψυχολόγος, 1908-1970), οι βασικές ανάγκες του ανθρώπου κατατάσσονται κατά σειρά σπουδαιότητας. Σύμφωνα με αυτή τη λογική, η ανάγκη στη βάση της πυραμίδας πρέπει να ικανοποιηθεί για να προχωρήσουμε στο επόμενο επίπεδο.

Με βάση αυτό το νήμα, η θετική ανατροφοδότηση είναι ένα πραγματικό εργαλείο παρακίνησης. Πράγματι, όταν εξετάζουμε την πυραμίδα των αναγκών, βλέπουμε ότι η αναγνώριση και η αποτίμηση των δεξιοτήτων αποτελεί αναμφισβήτητο παράγοντα παρακίνησης. Χωρίς αυτή την αναγνώριση, το άτομο αισθάνεται όλο και λιγότερη ανάγκη να καταβάλει προσπάθεια και σταδιακά αποθαρρύνεται. Από την άλλη πλευρά, αν η συμμετοχή του ατόμου εντοπίζεται και γίνεται αντιληπτή με σαφήνεια, το άτομο θα τείνει να θεωρεί ότι οι προσπάθειές του αξίζουν τον κόπο και ότι αξίζει να συνεχίσει να προχωράει σε αυτό το μονοπάτι.

Η ΤΕΧΝΗ ΤΗΣ ΕΠΟΙΚΟΔΟΜΗΤΙΚΗΣ ΑΝΑΤΡΟΦΟΔΟΤΗΣΗΣ

Η προετοιμασία

Πριν από την παροχή ανατροφοδότησης, είναι απαραίτητο να συμφωνηθεί ο κατάλληλος χρόνος και τόπος για την παροχή ανατροφοδότησης.

- **Η κατάλληλη στιγμή.** Συνιστάται να ξεκινήσετε τη συζήτηση με τους ενδιαφερόμενους υπαλλήλους το συντομότερο δυνατό μετά τη γνωστοποίηση των γεγονότων, ώστε η ανατροφοδότηση να είναι ουσιαστική και να έχει το επιθυμητό αποτέλεσμα. Εάν η ανατροφοδότηση δοθεί τρεις μήνες αργότερα, είναι πιθανό να είναι αναποτελεσματική: ο ενδιαφερόμενος θα έχει πιθανότατα ξεχάσει περί τίνος πρόκειται και δεν θα κατανοήσει τις εξηγήσεις σας.

- **Το σωστό μέρος.** Είναι επίσης πολύ σημαντικό να επιλέξετε το σωστό μέρος. Δεν είναι ούτε εύκολο για εσάς ούτε ευχάριστο για τον συνομιλητή σας να λαμβάνετε ανατροφοδότηση κατά τη διάρκεια ενός γεύματος με συναδέλφους ή μπροστά στη μηχανή του καφέ κατά τη διάρκεια ενός διαλείμματος. Προγραμματίστε μια συνάντηση με τον ενδιαφερόμενο σε συγκεκριμένο χρόνο σε ουδέτερο μέρος. Ενημερώστε τους εκ των προτέρων, ώστε να μην εκπλαγούν και να μην αμυνθούν.

Επιπλέον, απευθυνθείτε απευθείας στον ενδιαφερόμενο, δηλαδή μην χρησιμοποιείτε κάποιον ενδιάμεσο (π.χ. συνάδελφο ή επικεφαλής ομάδας) για να δώσετε ανατροφοδότηση, καθώς μπορεί να διαστρεβλώσει τα λεγόμενά σας ή να μην τα κοινοποιήσει καθόλου. Αποφύγετε να βασίζεστε στα λόγια άλλων και βεβαιωθείτε ότι το πρόσωπο με το οποίο μιλάτε είναι το πρόσωπο που διέπραξε την πράξη που συζητάτε.

👁 ΝΑ ΑΠΟΦΕΥΓΕΤΑΙ

- Η παροχή ανατροφοδότησης μπροστά σε μια ομάδα ανθρώπων που δεν εμπλέκονται στα γεγονότα.

- Περιμένετε την ετήσια συνάντηση για να δώσετε ανατροφοδότηση.

- Δώστε ανατροφοδότηση επί τόπου, χωρίς να αφιερώσετε χρόνο για να την εξηγήσετε ή να ακούσετε το άλλο άτομο.

Αναφέρετε την κατάσταση

Το πρώτο βήμα για την αποτελεσματική ανατροφοδότηση είναι η λεπτομερής περιγραφή του πλαισίου στο οποίο παρατηρήθηκαν τα γεγονότα. Είναι απαραίτητο να υπενθυμίσετε στο άλλο πρόσωπο, με σαφήνεια και σαφήνεια, την κατάσταση στην οποία παρατηρήθηκε η συμπεριφορά ή η πράξη. Βεβαιωθείτε ότι θυμούνται και καταλαβαίνουν για τι μιλάτε.

Αν πείτε: "Αυτή τη Δευτέρα το απόγευμα, κατά τη διάρκεια της συνάντησης με τον προμηθευτή Durant, παρατήρησα ότι...", ο συνομιλητής σας θα αναγνωρίσει αμέσως σε τι αναφέρεστε και θα ακούσει προσεκτικά. Ενώ αν ξεκινήσετε με: "Κατά τη διάρκεια της συνάντησης, παρατήρησα ότι...", ο συνεντευξιαζόμενος θα πρέπει να σκεφτεί για να προσπαθήσει να θυμηθεί τη συνάντηση για την οποία μιλάτε και θα ακούει μόνο με το ένα αυτί.

Η στάση που πρέπει να υιοθετηθεί

Η ανατροφοδότηση είναι πάντα μια ανάλυση μιας συμπεριφοράς ή δράσης και δεν είναι επικριτική. Να είστε όσο το δυνατόν πιο ουδέτεροι και ενσυναισθητικοί. Μην εκφράζετε τη δυσαρέσκειά σας με παρορμητικό ή επιθετικό τρόπο, καθώς αυτό μπορεί να επιδεινώσει την κατάσταση. Αν παραμείνετε αντικειμενικοί στην έκφραση της άποψής σας, η οποία θα πρέπει να βασίζεται σε αδιάσειστα γεγονότα, το άλλο άτομο θα είναι πιο ανοιχτό και πιο πιθανό να καλωσορίσει την ανατροφοδότηση. Η χρήση καθαρά περιγραφικής γλώσσας θα διευκολύνει τη συνέντευξή σας.

Δείξτε στον συνομιλητή σας ότι θέλετε να τον/την βοηθήσετε και όχι να τον/την τιμωρήσετε. Η ανατροφοδότηση δεν πρέπει να είναι μονόλογος, γι' αυτό ακούστε το άτομο: αφήστε το να εκφραστεί και να δώσει τις εξηγήσεις του, τη γνώμη του και τα συναισθήματά του για την κατάσταση.

Τέλος, προσπαθήστε να βρείτε συγκεκριμένους και ρεαλιστικούς τρόπους για να βελτιωθείτε από κοινού. Ενθαρρύνοντας τη συζήτηση και εμπλέκοντας τον συνομιλητή σας, αυτός θα αισθανθεί λιγότερο απειλημένος και θα συνειδητοποιήσει τις αλλαγές που πρέπει να γίνουν. Αν τους πείτε: "Εδώ και αρκετό καιρό, έχω παρατηρήσει ότι τα αρχεία σας δεν αρχειοθετούνται πλέον και χάνονται. Μπορείς να μου πεις τι πρόκειται να κάνεις για να λύσεις αυτό το πρόβλημα;", το άτομο θα είναι πιο δεκτικό και πιθανό να αλλάξει τη συμπεριφορά του από ό,τι αν του επιτεθείς με φράσεις όπως: "Πραγματικά δεν έχεις τα αρχεία σου σε τάξη, με ενοχλεί!

Παράδοση του μηνύματος

Μην δίνετε τα σχόλιά σας από το πουθενά, ξεκινήστε με μια σύντομη εισαγωγή όπως "μπορώ να μοιραστώ μαζί σας..." για να δεσμεύσετε το ενδιαφερόμενο άτομο.

Κρατήστε το μήνυμά σας σύντομο, σαφές και περιεκτικό. Δεν είναι θέμα φιλοσοφίας για τα γιατί και τα γιατί. Αποφύγετε να είστε υπερβολικά μακροσκελείς στις εξηγήσεις σας, βασιζόμενοι, για παράδειγμα, σε άλλες συγκρίσιμες εμπειρίες που είχατε. Ανακαλέστε τα γεγονότα με απλά και ακριβή λόγια, με ήρεμο και μη επιθετικό τρόπο. Το κυριότερο είναι να περιγράψετε την παρατηρούμενη συμπεριφορά (θετική ή αρνητική) και τις συνέπειες που είχε.

Βεβαιωθείτε ότι το μήνυμά σας είναι σαφώς κατανοητό από το άτομο στο οποίο απευθύνεστε, ώστε να μην υπάρχει παρεξήγηση. Ολοκληρώστε την ομιλία σας:

- ενθαρρύνοντας τον συνομιλητή σας, στην περίπτωση της διορθωτικής ανατροφοδότησης,

- επαινώντας τους, αν πρόκειται για ενισχυτική ανατροφοδότηση.

Καθορισμός σαφούς στόχου

Εξηγήστε στο άτομο τον αντίκτυπο που είχε η συμπεριφορά του σε εσάς ή στην εταιρεία. Στόχος δεν είναι να νιώσουν ενοχές, αλλά να συνειδητοποιήσουν τις πράξεις τους και τις συνέπειές τους, ώστε να ενθαρρυνθούν να βελτιωθούν. Θέστε έναν σαφή στόχο και βεβαιωθείτε ότι το άτομο με το οποίο μιλάτε έχει κατανοήσει τις προσδοκίες σας και τις νέες προκλήσεις. Διαφορετικά, μπορεί να μην κατανοήσουν την αξία της αλλαγής. Δώστε τους την ευκαιρία να εκφράσουν τυχόν προτάσεις βελτίωσης. Αν δεν έχουν, συζητήστε τα και αποφασίστε από κοινού τις ενέργειες που πρέπει να γίνουν. Στη συνέχεια, επικυρώστε τις αποφάσεις που ελήφθησαν από κοινού και δείξτε και πάλι την υποστήριξή σας.

> ### *Παράδειγμα*
> *"Από εδώ και στο εξής, θα δοκιμάζετε τις σάλτσες σας πριν τις σερβίρετε στην τραπεζαρία για να βεβαιωθείτε ότι δεν είναι πολύ αλμυρές. Σας εμπιστεύομαι, ξέρω ότι είστε σε θέση να φτιάχνετε εξαιρετικά πιάτα, όπως έχουμε ήδη δοκιμάσει".*

Παρακολούθηση της προόδου

Η προσέγγιση που υποστηρίζει την ανατροφοδότηση είναι μακροπρόθεσμη. Πράγματι, είναι πιθανό το άτομο με το οποίο μιλάτε να χρειάζεται χρόνο για να βελτιωθεί πραγματικά: πρέπει να είστε υπομονετικοί. Επομένως, μετά τη συνέντευξή σας, ελέγξτε τον αντίκτυπό της. Βλέπετε μια θετική αλλαγή στη συμπεριφορά του ατόμου με το οποίο μιλάτε; Εάν η απάντηση είναι "όχι", ελέγξτε αν έχουν κατανοήσει το μήνυμά σας και, εάν είναι απαραίτητο, ζητήστε τους ξανά να αναλάβουν δράση για να βελτιωθούν.

👁 ΚΛΕΙΣΙΜΟ ΜΑΤΙΟΥ ΕΡΓΟΔΟΤΗ

Οι τάσεις δείχνουν ότι οι εργοδότες είναι πιο πιθανό να χρησιμοποιούν την ανατροφοδότηση για να ασκήσουν κριτική. Ωστόσο, είναι εξίσου σημαντικό να επαινείτε τους υπαλλήλους όταν το αξίζουν και να τους ενθαρρύνετε να συνεχίσουν στο σωστό δρόμο.

Λάθη που δεν πρέπει να γίνουν

Δεν είναι εύκολο να δώσετε αποτελεσματική, παραγωγική και ευπρόσδεκτη ανατροφοδότηση. Στις περισσότερες περιπτώσεις, φοβόμαστε μήπως εκφραστούμε άσχημα, μήπως η γνώμη μας παρερμηνευτεί και θεωρηθεί μομφή. Φοβόμαστε επίσης να πούμε πράγματα για τα οποία μπορεί να μετανιώσουμε αργότερα και τα οποία θα μπορούσαν να αμαυρώσουν τις επαγγελματικές μας σχέσεις.

Η ΤΕΧΝΗ ΤΗΣ ΛΗΨΗΣ ΚΑΙ ΑΠΟΔΟΧΗΣ ΑΝΑΤΡΟΦΟΔΟΤΗΣΗΣ

Αν και υπάρχει η τάση να κατηγορείται το άτομο που δίνει την ανατροφοδότηση για την αποτελεσματικότητά της, είναι εξίσου σημαντικό το άτομο που λαμβάνει την ανατροφοδότηση να είναι πρόθυμο να την ακούσει, να την κατανοήσει και να την αποδεχτεί. Η κριτική σπάνια γίνεται δεκτή με επιτυχία, συχνά λόγω έλλειψης αυτοπεποίθησης. Προκειμένου η συνέντευξη να είναι όσο το δυνατόν πιο εποικοδομητική, είναι απαραίτητο ο αποδέκτης να μην κλείνεται και να ακούει ενεργά.

- Να είστε δεκτικοί και ανοιχτοί στη λήψη θετικών ανατροφοδοτήσεων. Αποφύγετε να κρίνετε πολύ γρήγορα και να παίρνετε την κριτική προσωπικά. Επικεντρωθείτε σε αυτό που λέγεται, αφήστε χρόνο στο άτομο να ολοκληρώσει αυτό που έχει να πει.

- Ακούστε προσεκτικά για να κατανοήσετε τη συνολική εικόνα και στη συνέχεια να κάνετε αποχρώσεις και βελτιώσεις.

- Δεν υπάρχει λόγος να αμύνεστε ή να δικαιολογείτε τα πάντα. Πράγματι, ακόμη και αν υπάρχει διαφωνία σχετικά με την ανατροφοδότηση που λαμβάνετε, είναι προτιμότερο να προσδιορίζετε μόνο τις πληροφορίες που θεωρείτε απαραίτητες. Έτσι θα αποφύγετε τη συνέχιση ενός διαλόγου όπου ο καθένας προσπαθεί να βρει ποιος έχει δίκιο ή άδικο.

- Βεβαιωθείτε ότι καταλαβαίνετε τα πάντα. Εάν είναι απαραίτητο, ζητήστε διευκρινίσεις για να μην παρερμηνεύσετε τα λεγόμενα. Το άτομο που σας δίνει ανατροφοδότηση θα εκτιμήσει πόσο σοβαρά παίρνετε την κατάσταση.

- Αν η κριτική είναι αδικαιολόγητη, μη διστάσετε να το πείτε με ήρεμο τρόπο. Προσπαθήστε να περάσετε το θέμα σας χωρίς να αμυνθείτε.

- Για να μην αντιδράσετε "επί τόπου", κάντε ένα βήμα πίσω. Εξηγήστε ότι χρειάζεστε χρόνο για να σκεφτείτε.

- Ακόμη και αν νιώθετε ότι σας επιτίθενται κατά τη διάρκεια της ανατροφοδότησης, μην το παρακάνετε, καθώς αυτό θα επιδεινώσει την κατάσταση. Προσπαθήστε να καταλάβετε από πού προέρχεται ο άλλος. Αν κάνουν λάθος σε κάποια σημεία - κανείς δεν είναι τέλειος - μπορεί να κάνετε κι εσείς λάθος.

- Αν είστε από τη φύση σας ευαίσθητοι, να θυμάστε ότι η ανατροφοδότηση έχει σκοπό να σας βοηθήσει να προχωρήσετε μπροστά, να βελτιωθείτε. Το να δέχεστε κριτική δεν σημαίνει ότι έχετε αποτύχει, αλλά μάλλον ότι έχετε τη δυνατότητα να προχωρήσετε παραπέρα.

Ο πίνακας Johari

Εάν ακουστεί και γίνει αποδεκτή, η ανατροφοδότηση μπορεί να αποφέρει πολλά οφέλη, ξεκινώντας από την καλύτερη κατανόηση του εαυτού μας. Έχουμε μόνο μια μερική εικόνα του εαυτού μας, η οποία ευτυχώς μπορεί να συμπληρωθεί από τους ανθρώπους γύρω μας. Λαμβάνοντας κριτική από αυτούς, μπορείτε να απεικονίσετε καλύτερα τα ελαττώματα και τις ιδιότητές σας. Μακροπρόθεσμα, αυτό θα αυξήσει την αυτοπεποίθησή σας.

Δημιουργήθηκε το 1955 από τους Joseph Luft (1916-2014) και Harrington Ingham (1914-1995), δύο Αμερικανούς ψυχολόγους, και το παράθυρο Johari είναι ένα εργαλείο για την απεικόνιση της γνώσης που έχουμε για τον εαυτό μας και που έχουν οι άλλοι για εμάς.

Δεχόμενοι ανατροφοδότηση σχετικά με το τυφλό σημείο σας, θα ανακαλύψετε αδυναμίες (και δυνατά σημεία) που μπορεί να μην είχατε αντιληφθεί προηγουμένως και θα μπορέσετε να τις αντιμετωπίσετε (ή να τις ενισχύσετε) προκειμένου να προοδεύσετε. Θα μπορείτε επίσης να επεκτείνετε τον δημόσιο χώρο, γεγονός που θα διευκολύνει την επικοινωνία με άλλους.

 # ΚΛΕΙΣΙΜΟ ΜΑΤΙΟΥ ΥΠΑΛΛΗΛΟΥ

Αφιερώστε χρόνο για να διακρίνετε τι σας λένε και δείτε την ανατροφοδότηση ως εργαλείο που θα σας βοηθήσει να αναπτυχθείτε, όχι ως καταδίκη!

ΚΟΡΥΦΑΙΕΣ ΣΥΜΒΟΥΛΕΣ

ΟΙ 12 ΧΡΥΣΟΙ ΚΑΝΟΝΕΣ

- Δημιουργήστε κλίμα εμπιστοσύνης καθησυχάζοντας τον ενδιαφερόμενο. Δώστε τους να καταλάβουν ότι ο σκοπός της ανατροφοδότησης είναι να τους βοηθήσει και όχι να τους τιμωρήσει.

- Παραμείνετε ουδέτεροι και μη επικριτικοί.

- Απαγόρευση αρνητικών και επιθετικών συμπεριφορών.

- Προχωρήστε σε στάδια: εισαγωγή, εξήγηση των σχετικών γεγονότων, ανταλλαγή απόψεων, ανάδειξη λύσεων.

- Προσαρμόστε την ανατροφοδότησή σας στο άτομο με το οποίο μιλάτε και στην προσωπικότητά του, ώστε να επωφεληθεί από αυτήν.

- Αποφύγετε την υπερφόρτωση πληροφοριών, μείνετε στα βασικά!

- Να έχετε ένα σαφές και ακριβές μήνυμα.

- Ελέγξτε ότι το μήνυμα και ο σκοπός έχουν γίνει κατανοητά.

- Αναφερθείτε στην πράξη ή στα γεγονότα, όχι στο πρόσωπο.

- Ακούστε και μιλήστε με τον συνομιλητή σας.

- Συμφωνήστε για τις βελτιώσεις που πρέπει να γίνουν.

- Βρείτε ένα θετικό συμπέρασμα, που να περιλαμβάνει ενθάρρυνση και διαβεβαίωση ότι έχετε εμπιστοσύνη στις λύσεις που βρέθηκαν.

- 22 -

ΣΥΧΝΕΣ ΕΡΩΤΗΣΕΙΣ

ΤΙ ΕΙΝΑΙ Η ΑΝΑΤΡΟΦΟΔΟΤΗΣΗ;

Η ανατροφοδότηση είναι η αξιολόγηση της συμπεριφοράς ή της δράσης ενός ατόμου, η οποία δίνεται με στόχο την αλλαγή ή τη διατήρησή της. Η ανατροφοδότηση δεν είναι επικριτική. Μπορεί να είναι θετική ή αρνητική - αρκεί η κριτική να παραμένει εποικοδομητική - και λεκτική ή μη λεκτική.

ΠΟΤΕ ΠΡΕΠΕΙ ΝΑ ΔΩΣΩ ΑΝΑΤΡΟΦΟΔΟΤΗΣΗ;

Η ανατροφοδότηση θα πρέπει να δίνεται το συντομότερο δυνατό μετά το γεγονός για να είναι πιο αποτελεσματική. Εάν δώσετε ανατροφοδότηση ένα μήνα ή περισσότερο μετά τις ενέργειες, το άτομο στο οποίο μιλάτε μπορεί να μην θυμάται κάποιες από τις λεπτομέρειες που κατηγορούνται και μπορεί να μην καταλαβαίνει γιατί του το λέτε. Επίσης, δεν χρειάζεται να περιμένετε μέχρι μια περιστασιακή συμπεριφορά να αξίζει να επισημανθεί. Πράγματι, η ανατροφοδότηση είναι επίσης ένα πολύ καλό εργαλείο αναγνώρισης και μπορεί να δοθεί ανά πάσα στιγμή για να ενθαρρύνει το προσωπικό σας.

Χρησιμοποιήστε έναν ουδέτερο αλλά συμπονετικό τόνο. Αν είστε πολύ οικείοι, το άλλο άτομο μπορεί να μην πάρει τις παρατηρήσεις σας στα σοβαρά. Ωστόσο, μην προσπαθήσετε να είστε υπερβολικά σκληροί, γιατί τα σχόλιά σας μπορεί να γίνουν αντιληπτά αρνητικά.

ΠΟΙΑ ΕΙΝΑΙ ΤΑ ΒΗΜΑΤΑ ΠΟΥ ΠΡΕΠΕΙ ΝΑ ΑΚΟΛΟΥΘΗΣΕΤΕ;

Για να διασφαλίσετε ότι η ανατροφοδότησή σας είναι εποικοδομητική, ξεκινήστε με την προετοιμασία της: ενημερώστε τον ενδιαφερόμενο και κανονίστε χρόνο μαζί του. Κατά τη διάρκεια της συνέντευξης, δημιουργήστε κλίμα εμπιστοσύνης, εξηγήστε τους τα γεγονότα, ζητήστε τη γνώμη τους και τα συναισθήματά τους, ώστε να νιώσουν ότι συμμετέχουν. Τέλος, προσπαθήστε να βρείτε μαζί λύσεις για βελτίωση. Μην ξεχνάτε να καθησυχάζετε τον συνομιλητή σας: η ανατροφοδότηση δεν πρέπει να γίνει πηγή δυσφορίας ή φόβου.

ΠΟΙΑ ΕΙΝΑΙ Η ΔΙΑΦΟΡΑ ΜΕΤΑΞΥ ΑΝΑΤΡΟΦΟΔΟΤΗΣΗΣ ΚΑΙ ΚΡΙΣΗΣ;

Η ανατροφοδότηση βασίζεται σε μια πράξη ή συμπεριφορά και δεν αμφισβητεί την προσωπικότητα του ενδιαφερόμενου ατόμου. Δεν πρέπει να έχει αρνητικό αντίκτυπο στην αυτοεκτίμηση ή την αυτοπεποίθηση, ούτε να επηρεάζει τα κίνητρα και την αποτελεσματικότητα του ατόμου στο οποίο δίνεται. Ο σκοπός της ανατροφοδότησης είναι να ενθαρρύνει την περαιτέρω βελτίωση. Η κρίση, από την άλλη πλευρά, είναι μια εκτίμηση, μια γνώμη που βασίζεται σε κάποιον ή κάτι, χωρίς απαραίτητα να είναι αιτιολογημένη.

ΠΟΙΑ ΕΙΝΑΙ ΤΑ ΛΑΘΗ ΠΟΥ ΔΕΝ ΠΡΕΠΕΙ ΝΑ ΓΙΝΟΥΝ;

- Είναι σημαντικό να μην είστε επιθετικοί ή επικριτικοί, καθώς αυτό θα μπορούσε να επιδεινώσει την κατάσταση.

- Η ανατροφοδότηση δεν περνάει ανάμεσα σε δύο πόρτες, σε απόσταση αναπνοής από κακόβουλα αυτιά.

- Μην το μετατρέψετε σε μονόλογο που εμποδίζει το άλλο άτομο να παρέμβει και να εκφράσει τη γνώμη ή τα συναισθήματά του. Να θυμάστε ότι η ανατροφοδότηση πρέπει να είναι εποικοδομητική και όχι τιμωρητική. Είναι επιτακτική ανάγκη να εξαλειφθεί κάθε ασάφεια για την αποφυγή παρερμηνειών.

- Μην βασίζετε το μήνυμά σας σε γνώμες ή γενικότητες άλλων ανθρώπων- προτιμήστε τη σαφήνεια και το αναντίρρητο των γεγονότων.

ΔΥΣΚΟΛΕΥΟΜΑΙ ΝΑ ΔΕΧΤΩ ΚΡΙΤΙΚΗ, ΠΩΣ ΜΠΟΡΩ ΝΑ ΛΑΒΩ ΚΑΛΗ ΑΝΑΤΡΟΦΟΔΟΤΗΣΗ;

Για να λάβετε θετική ανατροφοδότηση, να είστε δεκτικοί και ανοιχτοί. Ακούστε προσεκτικά τι θέλει να πει ο άλλος. Μην είστε αμυντικοί, καθώς αυτό δεν θα σας ωφελήσει καθόλου.

Εάν είναι απαραίτητο, μπορείτε να διευκρινίσετε τα πράγματα και να ζητήσετε την αποσαφήνιση των γεγονότων.

Ο ΕΝΔΙΑΦΕΡΟΜΕΝΟΣ ΕΙΝΑΙ ΠΟΛΥ ΕΥΑΙΣΘΗΤΟΣ, ΟΠΟΤΕ ΠΩΣ ΘΑ ΤΟΝ ΚΑΝΕΤΕ ΝΑ ΔΕΧΤΕΙ ΤΗΝ ΑΝΑΤΡΟΦΟΔΟΤΗΣΗ;

Εάν το άτομο στο οποίο απευθύνεστε είναι πολύ ευαίσθητο, καλό είναι να του δώσετε εμπιστοσύνη και να το διαβεβαιώσετε για τον σκοπό της ανατροφοδότησης με ουδέτερο αλλά ενσυναισθητικό τόνο. Υπενθυμίστε τους ότι η ανατροφοδότηση δεν είναι αρνητική κριτική ή κρίση, αλλά μια περιστασιακή εποικοδομητική παρατήρηση που θα τους βοηθήσει να βελτιωθούν. Η ανατροφοδότηση θα πρέπει να τον/την κάνει να συνειδητοποιήσει τα δυνατά και αδύνατα σημεία του/της, καθώς και τις δυνατότητες βελτίωσής του/της. Εξηγήστε τους με σαφήνεια τις επιπτώσεις της συμπεριφοράς τους και τις προσδοκίες σας και αφήστε τους να εκφράσουν τα συναισθήματά τους, ώστε να νιώσουν ότι τους ακούνε και τους καταλαβαίνουν. Ζητήστε τους να προτείνουν σημεία προς βελτίωση. Αν προτείνουν οι ίδιοι λύσεις, θα γίνουν πιο εύκολα αποδεκτές.

 ## ΜΕΙΝΕΤΕ ΘΕΤΙΚΟΙ

Να είστε θετικοί, κατανοητικοί και ενθαρρυντικοί. Ένας καλός ηγέτης είναι ένας υπεύθυνος ηγέτης, ο οποίος ωθεί την ομάδα του να αναπτυχθεί, μετρώντας και επιβραβεύοντας τις προσπάθειες.

ΠΩΣ ΜΠΟΡΩ ΝΑ ΕΙΜΑΙ ΣΙΓΟΥΡΟΣ ΟΤΙ Η ΑΝΑΤΡΟΦΟΔΟΤΗΣΗ ΜΟΥ ΗΤΑΝ ΑΠΟΤΕΛΕΣΜΑΤΙΚΗ;

Η παρακολούθηση των ενεργειών βελτίωσης που έχουν καθοριστεί με τον ομόλογό σας είναι απαραίτητη για να διασφαλιστεί ότι υπάρχει μια διαδικασία αλλαγής ή εξέλιξης. Ο αντίκτυπος της ανατροφοδότησης φαίνεται μακροπρόθεσμα.

ΜΠΟΡΟΥΝ ΝΑ ΕΞΕΤΑΣΤΟΥΝ ΟΛΑ ΤΑ ΘΕΜΑΤΑ ΣΕ ΜΙΑ ΑΝΑΤΡΟΦΟΔΟΤΗΣΗ;

Δεν μπορούν να συζητηθούν τα πάντα κατά τη διάρκεια της ανατροφοδότησης. Για παράδειγμα, δεν συνιστάται να μιλάτε για την προσωπική κατάσταση του άλλου ή για πιθανά ψυχολογικά προβλήματα. Κάτι τέτοιο μπορεί να προκαλέσει δυσαρέσκεια στο άλλο άτομο και έτσι να επιδεινώσει την κατάσταση. Επιπλέον, το να βασίζεστε σε στοιχεία της ιδιωτικής ζωής άλλων ανθρώπων μπορεί να σας οδηγήσει σε λανθασμένα συμπεράσματα.

ΑΠΟ ΕΣΑΣ ΕΞΑΡΤΑΤΑΙ!

ΑΣΚΗΣΗ

Διαβάστε και αναλύστε τα ακόλουθα σχόλια:

> *Ο ΠΡΟΪΣΤΑΜΕΝΟΣ - Γεια σου Paul, έχω κάτι να σου πω, έλα στο γραφείο μου.*
>
> *Ο ΥΠΑΛΛΗΛΟΣ - Γεια σας κ. Διευθυντά, ναι φυσικά.... Υπάρχει πρόβλημα;*
>
> *Ο ΑΝΩΤΕΡΟΣ - έμαθα ότι η παρέμβασή σας στη συνάντηση μάρκετινγκ ήταν μάλλον ανάρμοστη, ελπίζω ότι αυτό δεν θα ξανασυμβεί!*
>
> *ΥΠΑΛΛΗΛΟΣ - Για ποια παρέμβαση μιλάτε;*
>
> *SUPERIOR - Αναφέρομαι στην παρατήρησή σας σχετικά με τη νέα ιδέα που εισήγαγαν οι συνάδελφοί σας στο Παρίσι.*
>
> *Ο ΥΠΑΛΛΗΛΟΣ - ήθελα απλώς να επισημάνω ότι υπήρξαν κάποια λάθη...*
>
> *Ο ΑΝΩΤΕΡΟΣ - Το λάθος ήταν ο τρόπος με τον οποίο επιτρέψατε στον εαυτό σας να τους επικρίνει! Μας χαλάσατε την επαγγελματική μας σχέση με την αγγλική ομάδα! Δεν σας ευχαριστώ γι' αυτό. Μην το αφήσετε να ξανασυμβεί. Μπορείτε να φύγετε και να επιστρέψετε στη δουλειά σας.*

- Τι είδους ανατροφοδότηση είναι αυτή;

- Είναι αυτή η ανατροφοδότηση αποτελεσματική; Αναπτύξτε την απάντησή σας.

- Είναι η στάση του προϊσταμένου κατάλληλη και δικαιολογημένη; Εξηγήστε.

- Τελειώνει η ανατροφοδότηση με θετικό πρόσημο;

- Τι πιστεύετε ότι πρέπει να αλλάξει για να είναι εποικοδομητική η ανατροφοδότηση;

ΓΙΑ ΝΑ ΠΡΟΧΩΡΗΣΕΤΕ ΠΕΡΑΙΤΕΡΩ

ΒΙΒΛΙΟΓΡΑΦΙΚΕΣ ΠΗΓΕΣ

"Definition of Luft Ingham's Johari window", στο *LeDicoDuMmarketing.fr*, πρόσβαση στις 30 Ιουλίου 2015.

http://www.ledicodumarketing.fr/definitions/fenetre-de-johari-de-luft-ingham.html

"Feed-back", στο *Larousse.fr*, πρόσβαση στις 25 Αυγούστου 2015.

http://www.larousse.fr/dictionnaires/francais/feed-back/33157

"Η πυραμίδα των αναγκών του Maslow", στο *PsychologueDuTravail.com*, 2009, πρόσβαση στις 30 Ιουλίου 2015.

http://www.psychologuedutravail.com/?s=pyramide+of+a

Noyé (Didier), *Donner et recevoir du feed-back: la reconnaissance et du recadrage*, Paris, Julhiet Éditions, 2012.

Stone (Douglas) and Heen (Sheila), *Thanks For The Feedback: The Science And Art Of Receiving A Feedback Well*, New York, Penguin Group, 2014.

Whitmore (John), *A Guide to Coaching*, Παρίσι, Maxima, 2008.

ΠΡΟΣΘΕΤΕΣ ΠΗΓΕΣ

52 συμβουλές για να διαλέξετε. Δίνοντας και λαμβάνοντας ανατροφοδότηση, Tarsul, Mieux-Apprendre, 2014.

Gautier (Bénédicte) και Vervish (Marie-Odile), *Le Manager Coach*, Παρίσι, Dunod, 2008.

Pohu (Gilles), *Ανατροφοδότηση. L'harmonie dans les relations*, Salaberry-de-Valleyfield, Marcel Broquet, 2014.

Κύριο ISBN: 9782808664318
ISBN: 9782808671736
Νόμιμη κατάθεση: D/2023/12603/495

Ψηφιακός σχεδιασμός: Primento,
ο ψηφιακός συνεργάτης των εκδοτών.

www.ingramcontent.com/pod-product-compliance
Lightning Source LLC
LaVergne TN
LVHW010257210726
843508LV00020B/2804